고요는 아침을 낳는다

전승훈 제2시집

채운재 시선 200

고요는
아침을 낳는다

전승훈 제2시집

산고 치르듯 밤새 산과 들을 흔들던 바람
가만히 잠재우고 정적이 흐르는 수평선
폭풍전야처럼 들리지도 보이지도 않던
어둠 속에서 둥실 떠오르는 얼굴을 보라

시인의 말

틈틈이 뿌렸던 씨앗들을
거두어들이다 보니
두 번째 집을 짓게 되었습니다.

저의 환갑인 해라 더 뜻깊은 거 같습니다.

실로암의 맑은 물처럼
품어 안으며 사랑하는 마음으로 선하고 행복하게
멋깔스러이 살으렵니다.

2025년 8월에

백산 전 승 훈

CONTENTS

시인의 말   5

제1부 비밀의 탄생

간헐적 침묵   12
의자의 시간   14
눌변(訥辯)의 미학   16
기도   17
못 같은 날들이여   18
소소한 행복   19
사랑이라는 이름 하나로   20
천사가 오셨다   22
어떤 그림자   24
춤꾼들   26
하루살이   27
뒷모습   28
풀리지 않는 매듭   30
까치밥   32
그물   33
새로운 시작   34
포대기의 기적   36
돌고래의 꿈   38
빛과 그림자   40

제2부 **봄의 전령사**

고요는 아침을 낳는다	42
딸기 서리	43
꽃비	44
꽃새	46
나의 기도	47
곡우(穀雨) 무렵	48
청자(靑磁)의 품격	50
느린 우체통	52
반쪽	54
보물찾기	55
하루살이의 자화상	56
돈나무(金錢樹)	57
삼식(三食)이의 하루	58
물별	60
손에 손잡고	61
난센스 퀴즈	62
목하 동거 중	64
마네킹	66
골목 전쟁	68

CONTENTS

제3부 **진범**

따듯한 손	70
빈집	72
느림의 미학	74
강아지풀	75
세모(歲暮)	76
구겨진 하루	78
동행	80
인형들	81
금 간 화분	82
나는 백산(白山)이로소이다	84
내리사랑	86
호접란	87
기지개를 켜다	88
첫눈	90
겨울나무	91
사람 꽃	92
어느 낙타의 죽음	94
민달팽이의 이사	96
북두칠성	98
비상(飛上)	99

제4부 느린마을

생각의 나무	102
겨울 소나타	103
꽃샘바람	104
의로운 훈장	105
정한 곳이 있다는 말	106
홀로서기	108
딴지 주의보	110
공든 탑	112
새는	113
봄비로 오는 친구들	114
춤추는 고추잠자리	116
학교 보안관	118
달구는 날고 싶다	120
공든 탑도 무너진다	122
정글 속에서	124
곰골식당에서	126
해빙기(解氷期)	128
설화(雪化)	130
나무살이	131

제1부
비밀의 탄생

장미야! 너를 보면
내 모습 보는 것 같아
외면하고 싶던 시절 있었지
그러나 오늘은 네 앞에 당당히 섰다
그건 내 몸의 가시를 없앴기 때문이란다

간헐적 침묵

과묵하고 진중하게
생각하고 말하는 사내가 있다

침묵은 금이다
말이 많으면 쓸 말이 적고
군자는 입이 무거워야 한다는 가르침
실천하면서 살아왔지

자기표현의 시대
남들은 온갖 방법으로
자기를 내세우려 하지만
사내는 침묵을 지키며
내면을 키우고 있다

적절한 침묵은
그 어떤 말보다 강하다
물론 그 말도 틀린 것은 아니다
침묵만이 정답은 아니기에
입속에 돌을 물고 잘 견디면서
간헐적 침묵을 하자

침묵을 배경으로 두어야
언어가 빛을 발하는 것이니

의자의 시간

누가 버린 것일까

중랑천의 지류인 방학천
한적한 골목길
한쪽 다리 부러진 채
나앉아 있는 외톨이 의자

누가 앉았던 것일까

온몸으로
주인의 엉덩이와
그 몸뚱이의 무게 받아주다가
한쪽 다리를 잃고 말았을 것이다

오늘도
우리 집 작은방 서재엔
종일 외톨이로
나를 기다리는 의자의 시간이 있다

더 삐걱거리기 전에
나사라도 바짝 조여서
그의 울음을 달래주어야겠다

눌변(訥辯)의 미학

서로 경쟁하듯
인공위성까지 띄워 올리며
시시각각 변화무쌍한
초스피드 시대

무당벌레는
어제나 오늘이나
가늘고 긴 촉수 더듬거리며
먹이를 찾고 있다

내 고질병은 느릿느릿
약간의 더듬거림과 어눌함으로
나무늘보처럼 산다

나는
다보탑의 날렵한 모습 보다
석가탑의 묵직함이 좋다
조금 어눌해서 느려 보이지만
진정성 있는 눌변의 사내
버벅거림이 정겹다

기도

구름도
두 손을 모으는데
나에겐
간절함이 모자라선지
하늘 한 번
올려다보지 못한 채
또 하루를 건너고 있습니다

못 같은 날들이여

매사에 자신만만했고
때론 뻣뻣함으로
청춘을 꼭 붙들어 매어둘 듯
풋풋한 날도 있었지

궂거나 험한 일 겪으며
이렁저렁 구르다 보니
이내 몸은 헐렁해
아무리 세게 내리쳐도
느슨해진 중년의 못이다

언제 빠졌는지
제 자리도 잃어버린 채
등은 굽고 휘어져
녹슬어 버렸으니
짜발량이 노년 되었네

거푸집 한켠의 못자리
나의 조그마한 흔적에
이제는 다시 못 올 지난날들
참말 못 같은 인생이여!

소소한 행복

부부로 살아보니
소 몇 마리 잘 기르면
만사형통인 것을 깨달았소

하루만 떨어져 있어도 보고 싶소
어제 보고 또 보아도 반갑소
당신과 함께해서 고맙소
그대와 살아온 날들 너무나 행복했소

해가 쉬엄쉬엄 지는 저녁
아내가 정성껏 준비한 안주 삼아
반주 한 잔 기울이니
돈도 명예도 부러울소냐

우리 집
소 몇 마리와 놀고 있는 시간
이게 바로 소소한 행복 아니겠소

사랑이라는 이름 하나로

그녀는
아무도 돌보지 않는 곳에 핀
들꽃 같다

어떤 아름다움이나
이름도 내세우지 않는다

그렇다고 그의 일상이
밋밋하다고 생각하신다면
그건 큰 오해라 말하고 싶다

사람 좋기로 소문난 그녀
요즘은 목욕시키기 실습 중인데
욕탕에서 매일 때밀이를 하려는 게 아니다
돌볼 사람 없는 독거노인들
내 가족처럼 모셔보겠다는 것

옛 이스라엘 광야에 서서
더위에 지친 이에게는
오아시스 같은 물을 대접하고
추위에 떠는 이에겐
따듯한 담요를 깔아주었다는
천사가 새로운 출발을 준비 중이시다

왼손이 하는 일
오른손이 모르게 하려는
그녀의 눈빛은 언제나 선하다
사랑하는 이름 하나로
온전한 내일을 준비하고 있다

천사가 오셨다

엄~~~마
약간은 어눌한 발음이지만
아기의 부름이 정겹다

엊그제까지만 해도
움직임 하나 없이
요리조리 눈만 굴렸는데
벌거스름하게 달아오른 얼굴로
온몸의 힘을 모아
좌우로 뒤집기까지 시도하던 녀석들

7개월 넘으니
높은 포복 낮은 포복으로
장애물 돌파하며 기어다닌다

그것도 성에 안 차는지
두 다리에 힘을 불끈 주고는
걸어보려 안간힘이다

조금 더 지나면
우리 우빈이와 율이는
한발 또 한발 내딛으며
아장아장 걷겠지

우리 가족으로 오신
두 분 천사님
건강하게 잘 자라서
세상의 빛과 소금 되소서

어떤 그림자

밤낮없이
내 곁을 떠나지 않는 이가 있다

분신 같기도 하고
한 몸인 듯도 싶은

존재감은커녕
희망도 미래도 없이
무조건적인 희생의 몸놀림

땅거미가 내리면
그의 존재감은 더욱 살아난다

공치사 하나 없이
아내라는 이름으로
나를 따르고 있는 그림자

잠자는 아내의 얼굴
지난해보다
주름이 몇 개나 더 늘고
왠지 나를 닮아 오는 것 같아
마음 한쪽이 캥긴다

디카시
춤꾼들

운무 속
나무와 그림자
어울렁 더울렁
물 위의 춤판 벌이고 있다

그런디 저 무도장
허가는 있는 겨?

하루살이

입이 없어
먹지도 말하지도 못하기에
하루를 백년처럼
쪼개고 쪼개어 산다지

잠잘 시간도
미워할 시간도 없다
오직 사랑만이
하루 삶의 목표이다

운명처럼 주어진
오늘을
자유롭게 날갯짓하며
전심(全心)을 다 한다

나도야
세월 축내는
베짱이처럼 사느니
순간순간
최선을 다하는
하루살이를 배우고 싶다

뒷모습

가을 숲
수북이 쌓인 낙엽 무더기들
살짝 밟기만 해도
뼈 바스러지는 소리를 낸다

계절의 뒤안길에
오래전 아버지의 등이 얼비친다
우리 가족을 짊어지던 어깨가 보이고
어머니의 따듯한 밥상도 보인다
다시 돌아오지 않을 흑백사진
억지 표정 피우지 않는 정직한 풍경들이다

도봉산 중턱엔
몇 개 남지 않은 단풍잎이
바람결에 휘날린다
절정을 지나 쇠락한 색깔들
화양연화의 뒷모습이 저런 것일까

하산길
석양 빛 내 그림자가 길게 따라온다
물소리만 저 혼자 깊다

풀리지 않는 매듭

오전 내
거실 소파에 어깨 묻은 아내
뜨개질 삼매경에 빠졌다

제법 모양을 잡아가는 털실
보기 좋은 조끼로 탈바꿈 중인데
한차례 천둥 번개 치고
소나기가 지나간 뒤
아내의 얼굴색이 변하기 시작한다

며칠째
순조롭게 서로 조응하며 일하던
대바늘과 코바늘
서로 영역 다툼을 하다가
길을 잃고 만 탓이겠다

이리도 저리도 하지 못하며
안절부절못하던 아내
회색 실 증인으로 앉혀놓고
대바늘 코바늘의 변명을 듣고 있다

어디서부터 꼬였는지
어떤 올과 코가 문제인지
문외한인 나는 매듭을 풀기는커녕
아내의 등 너머에서
눈치만 보고 있을 뿐이다

#디카시
까치밥

밥은 밥인데
꽁꽁 얼어붙은 밥이다

겨울 까치 위해서
감나무 가지에 떨고 있는
사랑

엄동설한
오래전 내 허리춤에 달렸던 도시락이
저 허공에 떨고 있네

〈24년 서울시 지하철 공모전 당선작〉

그물

북한산 하산 길

산모퉁이
문둥이처럼 숨은
폐가 한 채

거미가 주인이다

희뿌연 그물
집 안팎에 두르고
저녁 이슬을 모으고 있었다

누가
잡아먹기라도 할까 봐
아무도 가까이 가지 않는
집

밤의 그물은
달빛을 그러모을 것이다

새로운 시작

예닐곱 살
코흘리개 어린 시절
시골 동네에 잔치가 벌어졌다

마당 한가운데 무명 천막 치고
상다리 부러지게 차려놓은
맛깔스러운 음식들

곱게 빗은 쪽 머리에 은비녀 꽂고
한복 예쁘게 차려입은
우리 할머니 환갑 잔치날이다

사돈에 팔촌 먼 친척까지
한자리에 모여
무병장수 기원하던 것이 어제 같은데

어느새 세월은 흘러
한 갑자 돌다 보니 나도
그 시절 할머니 나이가 되었다

갈라파고스 거북이는
이백 년을 산다 으스대고
우리네 삶도
백세시대라고 하지만

잔병치레에
심신(心身)이 불편하면
구순 넘은들
무슨 낙이 있으랴

건강도 사랑도 잘 챙겨
맛깔나고 멋들어진
새로운 시작을 해 보련다

포대기의 기적

그 겨울
병원도 약국도 귀하던 시절
유난히도 추웠다지

원인 모를 아픔으로
새파랗게 질린 채
칭얼거림도 사그라져
다 죽어가던 두 살배기 아이

헤진 포대기로 동여매 등에 업고
발 동동 구르며 시골의원 향해
십 리 길을 한걸음에 내달리던 여인

희미해진 심박동 소리
핏기 없이 누워 있는 조그마한 덩어리 앞에
가망 없다는 담당 의사의 선고

동네 사람들
돌돌 말아 차가워진 포대기를
꽁꽁 언 맨 마당
가마니 위에 내려놓았다지

이대론 맏이 놈 보낼 수 없다며
간절한 눈물 기도와
애끓는 모정의 보살핌 때문이었을까

동토(凍土)에서
나를 감싸 살린 포대기의 기적
평생 무용담이 되었다

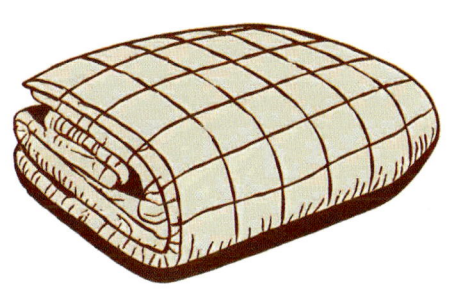

돌고래의 꿈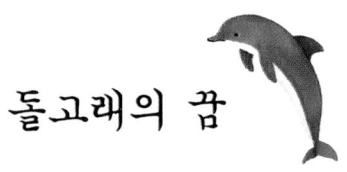

넓디넓은 수족관
속 다 보이게 밝고 투명하다

쇠창살은 없지만
투명한 강화유리로 격리된
고독한 유영

튀어나온 주둥이 탓일까
돌고래는 늘 미소 짓는 모습이다
그의 사전에 슬픔이란 없을 듯

묘기 한 번 부리고는
사육사 칭찬에
수면 위로 펄쩍 뛰어오르는 꼭두각시
의미 없는 춤을 춘다

한바탕 쇼 끝난 뒤
깊은 물속으로 잠수한 그는
가만히 눈을 감는다

저 멀리 태평양
이름 모를 고향 바다로 향하는
고래의 꿈

그들끼리
고요히 주고받는 주파수로
울음 울고 있다

디카시
빛과 그림자

영욕의 세월
짧았던 영광 뒤로한 채
돌보다 무거운
저 침묵

궁(宮)의 주인이 되었다

제2부
봄의 전령사

엄동설한
매운바람과 추위
견뎌내고

오롯이 솟아
내 눈길 잡아끄는
변산 바람꽃

축제의 문이 열렸음을 알린다

고요는 아침을 낳는다

고요는 웅숭깊다
자궁처럼 우묵하고 깊숙해서
함부로 제 속을 보이지 않는다

산고 치르듯
밤새 산과 들을 흔들던 바람
가만히 잠재우고
정적이 흐르는 수평선
폭풍전야처럼
들리지도 보이지도 않던
어둠 속에서
둥실 떠오르는 얼굴을 보라

아침 고요
긴 밤 살라 먹고
기다림이 낳은 축복이다

딸기 서리

앞도 보이지 않는
칠흑같이 어두운 밤이었지

밭머리 원두막 지키고 있는
파수꾼 할아버지 피해

서너 명 남짓 동네 꼬맹이들
딸기밭 여기저기에 뒹굴고 있네

손전등도 없이
이곳저곳 파헤치며 한 주먹씩 따왔지만

빨갛게 물들은 손과 옷가지 뒤로
쫘악 펼쳐보니
설익은 게 절반이다

꽃비

꽃 한 송이에 사랑
또 한 송이엔 우정을 담아
희망과 행복을 품었네

봄,
흐드러지게 피었던
그 많은 꽃의 축제들

화무십일홍이라
흐벅지던 그 영화로움도
꽃비 되어 휘날리네

중년의 고개
훌쩍 넘어선 나도
짜발량이가 되어가는 건 아닐까

가는 봄
꽃비 내리고 나면
맺을 열매가 기다리고 있으니
너무 아쉬워 말자

나 또한
조금씩 익어갈 뿐이리

※ 짜발랑이: 짜그라져 못쓰게 된 물건이나 사람

디카시
꽃새

이른 봄날
앙상한 나뭇가지에
흰 새들이 웅크려 앉아 있다

그들이 날개 펴면
꽃이 될 것이라는 마술
모두들 알면서도 모른 척 기다린다

나의 기도

새 아침
나의 온몸에 황금빛 햇살이
나래 펴게 하소서

폐허가 된 내 심령
텅 빈 육체의 공터에서
한 그루 나무로 서게 하소서

세파 속에 부딪는 날들
벅차고 괴롭더라도
언제나 해맑은 미소로
포근한 사랑 나누게 하소서

내가 머물다 떠난 자리
가시밭이 아니 되게 하시고
꽃 보지 못한 무화과나무일지라도
빨간 열매로 영글게 하소서

곡우(穀雨) 무렵

청명 지나
새싹과 새순 돋아나고
어치새의 휘파람 소리 들리니
곡우였다

사십 년 전
농사철 앞둔 이맘때쯤이면
시골 우리 집 마당엔
못자리 준비가 한창이었지

온 가족
옹기종기 둘러앉아
담가둔 씻나락 조심스레 꺼내
까만 모판 위에 흙 담고
정성껏 볍씨를 뿌렸네

한 해 농사
대풍을 기원하며
너나없이 한마음 되었던
우리 가족들

다시 오지 않을
먼 기억 속의 날들이지만
모두 무고하신지
곡우물이라도 마셨는지
그간의 안부가 궁금해지는
봄날이다

청자(靑磁)의 품격

풍만한 어깨 유려한 곡선미
새악시 허리마냥 잘록함이 조화롭다

우아하고 단아한 모습
손이라도 대면 툭 터질 것 같은
비취 옥색,
비 온 뒤 갓 맑은 하늘처럼
사색과 고요의 저 아름다움으로
우후청전색(雨後晴天色)이란 말이 생겼다지

고고한 몸짓의 학(鶴)
여러 마리 사뿐사뿐 춤추며
오를 듯 말 듯 하는 그 자태가
보는 맘 설레게 한다

내 재주로는
저 겸허한 빛을 표현할 길 없으니
고려 비색 속으로 뛰어 들어가
그네들과 놀고 싶다

누가 봐도
장인의 뜨거운 혼과 열정으로 빚어낸
청자 상감운학문 매병일진대
어라? 가품(假品)이라니!

청자의 품격
내 근시안적 꿈이 와르르 무너진다

느린 우체통

시월 어느 저녁
강릉 안목 해변을 걷다가
새빨간 우체통 하나를 발견했다

이 쓸쓸한 바닷가에도
우편물을 부치는 사람이 있다는 것인데

가만히 다가가 보니
내 맘속으로 은근히 짐작했던
느린 우체통

얼마나 외로운 기다림이었던지
조금은 쌀쌀한 바람 속에서
소나무 가지 흔들어
모처럼의 길손을 반갑게 맞는다

지금 저 배달함 속에는
태양보다 뜨겁게 온몸을 던졌던
그 여름날의 사랑
얼마나 많은 추억의 조각들이
차곡차곡 쌓여 있을까

느리게 느리게라도 걸어
그들이 꿈꾸었던 미래의 어느 날에
무사히 도착하기를 빌어본다

반쪽

유난히
추웠던 겨울
생면부지였던 우리
첫 만남이 시작되었지

조물락조물락
한 주머니에 손 넣고는
따뜻한 체온 나누었네

알콩달콩
꿈같던 날들 지나고

가시 돋은 채
짜증스러운 말투
상처받고 부대끼다가

이젠
서로를 부둥켜 안고
하나가 되어간다

디카시
보물찾기

클로바의 꽃말
세 잎은 행복, 네 잎은 행운이라네
당신은 지금 행복을 짓밟고
행운을 찾고 있습니다

인생을 운수에 맡겨 보자는 것입니까

하루살이의 자화상

내가 5월에 짝짓기 한다고
메이 플라이(May Fly)라 부른다지요

한 생에 86,400초
나는 초 단위로 산답니다

당신의 눈에 보이는
내 삶은 짧습니다
그러나 한 편의 영화 찍듯
물속의 또 다른 역사
아시는지요

나에겐 내일이 없습니다
일 분을 하루같이
하루를 백 년같이 쪼개고 쪼개서
촌각 다투듯 사랑을 맺지만
왠지 저녁노을이 섭섭합니다

다음 생엔
거북이로 태어날까 봅니다

돈나무(金錢樹)

개업 사무실
햇볕 잘 드는 곳
동글동글 맺힌 잎이
엽전처럼 매달렸다

이름하여 금전수

알뜰살뜰
물 주고 닦아주며
정성을 쏟다 보니
금빛처럼 휘황찬란하게
굵직한 방망이가 올라왔다

어느 날
출근한 사무실
황금색 꽃 세 송이가
활짝 웃고 있다
많은 이들이
재물과 번영의 전령사라며
잘 모시라 한다

삼식(三食)이의 하루

허구한 날 하루 세끼
날름날름 받아먹다가
나도 모르는 새
삼식이란 별명이 붙었다

모른 척
뻔뻔하게 버티다 보니
느는 건 눈치요
나오는 건 뱃살이다

바람이 찬 날
중랑천 길을 걸었다
개울 둑에 반짝이는 자잘한 꽃
미국쑥부쟁이다

한겨울에도
눈송이처럼 피어있으니
그 노고에 감사하듯
백공작이란 별명까지 얻었다는데

삼식이와 백공작
극과 극이다

귓가에 내려앉는
비둘기 울음소리 서글프다

디카시
물별

에머랄드일까, 다이아일까
저 넓은 바다
영롱하게 빛나는 보석들
그물로 건질까 막대로 건질까

디카시
손에 손잡고

저 높은 벽
혼자라면 어림도 없었으리
초록의 힘 다 써버리고
붉은 핏줄만 남은
손, 꼭 잡고 겨울로 간다

난센스 퀴즈

거실 한구석
소엽 풍란이 꽃을 피웠다

그 자태가
단정하고 귀하다 하여
부귀란(富貴蘭)이라 부르기도 한다는데
아내의 한복 옷소매처럼
자분자분 하면서도
고아한 모습이다

며칠째
명주실 같은 향기로
내 마음 허한 구석 채워주곤 하는데
아내가 짐짓 묻는다
"난초와 나
누가 더 예뻐?"

고락을 함께 한 날들이 얼마인가
이젠 눈빛만 봐도
무슨 답을 원하는지 뻔하니
"당연히 당신이지" 한 마디에
아내는 활짝 웃고
난초는 금세 풀이 죽는다

일상에서 만나는
소소한 행복이 깨소금이다

목하 동거 중

천년고도
경주 대릉원(大陵苑)
23기 봉분들 청록색 단장하고
곡선의 美를 뽐내면서
이웃한 채 마주하고 있다

천마총에 들어서자
순백의 흰말 한 마리
지금이라도 날갯짓하며 무덤을 뚫고
하늘로 날아오를 듯
날개의 힘이 느껴진다

그 밖에
이름을 얻지 못한 능들
저마다 어깨 걸고
곡선으로 꿈틀거리고 있다

모났던 내 마음도
능과 능 사이를 걷다 보니
어느새 순해져서는
신라의 착한 백성이 된다

선과 선으로 이어져
서로 의지한 채
목하 동거 중이다

마네킹

깔끔하게 밀어버린
민둥산처럼
빛 나리가 되어버린 두상

아름답지만 영혼이 없는 눈
오뚝하게 세워 놓은 코
찰흙으로 빚은 듯한 두툼한 입술

계절과 유행을 앞서가는
적나라한 춤과 의상으로
패션을 선도하는 일등공신이다

무표정한 얼굴
미소도 눈물도 없는
냉혈한처럼 보이지만
탈부착 가능한 팔
신상의 옷으로 휘감고 나면
누구의 간섭도 받지 않는
자기만의 세상이 시작된다

마네킹은
그들만의 날개를
숨기고 있는지도 몰라

골목 전쟁

막다른 골목
인적이 뜸하다 보니
냉이꽃과 씀바귀가 주인이다

잡초뿐이라
고요와 평화뿐이겠지
모두 그렇게 생각하지만
아니다
몇 가닥 햇살이라도 더 받으려
아옹다옹
초록은 전쟁 중이다

조그만 틈에서 새어 나와
한 웅큼도 되지 않는
빛줄기

가끔은
길 잃은 사람의 희망이 되기도 한다

제3부
진범

저건 꽃이 아니지
두 마리 보라색 오리인 거야
바짝 세운 목선이 만만치 않네
진짜는 진짜를 알아보는 법
꼬리 짧은 가을볕 아래 짝 찾기 바쁜 거라

따듯한 손

왜 그랬을까
내 입에서 무심히 튀어나온
가시 돋은 말

그녀는
얼음기둥처럼 서서
화살을 받아내고 있었네

내 가슴은
용광로처럼 부글거렸지만
아마도 그녀 가슴은
임계온도까지 내려갔으리

얼굴은 사색이 되고
헝클어진 머리카락과
파르르 떨고 있는 하얀 손에서
궁지에 몰린 사슴 한 마리를 본다

내가 뭘 한 거지?
아차 싶어
그녀의 두 손을 잡으니
가볍게 도리질하다
고개 들어 나를 바라보는 눈

조금씩 핏기가 되살아나며
굳었던 몸 풀어지자
훈훈하게 상기되어
따듯해지는 손

손 하나로
천 리를 다녀온 것 같았다

빈집

일곱 식구 웃음소리가
떠들썩하던 집

넓게 펼쳐진 황금들판과
수채화처럼 아름답게 이어진 강줄기
해 질 무렵 붉게 물든 노을은
나의 작은 가슴에 따듯한 감성을
조금씩 떠 넣어주었지

그 어떤 위로보다 더 따듯했던
사립문 삐거덕 거리던 소리
마당가에 철 따라 웃음 짓던 꽃들
이젠 모두 빛바랜 앨범의 한 페이지일 뿐
청기와 지붕 위에는
잡풀들이 자리를 꿰차고 앉았다

남의 집 들어서듯
내가 멈칫거리며 신발 들이밀자
어디서 날아왔는지
말벌들이 떼 지어 날아온다

그래, 고향 먹감나무 집은
이제 우리 집도 아니고
그렇다고 빈집도 아니구나
또 다른 이웃들이
저들의 집을 짓고 열심히 살고 있다

텅 빈집이라고
허망하게 생각했던 내 마음
조금은 따듯해진 듯
돌아서는 발걸음이 가벼워졌다

느림의 미학

토끼 열심히 뛰지만
2년밖에 살지 못하고
느린 거북이는 400년을 산다더라

굼벵이 느리다 책망 마라
그도 구르는 재주가 있다잖느냐

출입문을 지켰다는
변화의 신 야누스도
시간 앞에선 쩔쩔맸다는데

우리도 가끔은
느긋하게 기어가는
달팽이 걸음을 걸어보자

모데라토 칸타빌레처럼
보통 빠르기로 노래하듯이
우아한 늘보가 되어보기도 하자

디카시
강아지풀

강아지도
소나기는 피해서 논다는데

하나 둘
유리창에 맺힌 빗방울들
쉬어갈 새 없다

세모(歲暮)

동그라미도
엑스도 아니다
중간지점인 세모란다

지난 한 해 살아온 날들
뒤돌아보자는
이야기일 텐데

참 우여곡절 많고
다사다난했던 날들이었다

커다란 캔버스 위에
수채화를 그리듯
한 붓 또 한 붓 채웠다

뒤섞인 색과
변색 퇴색을 섞어서
한 편의 그림을 그려냈다

수작(秀作)은 아니지만
나름 봐줄 만한
평균작을 만들어 냈다

새로운 해 맞으며
알차고 더 좋은 작품을
기약해 본다

구겨진 하루

어제 구겨진 마음
오늘도 펴지지 않는다
구겨져서 주름진 바지는
다리미로 밀면 멀쩡하게 펴지는데
한번 빗나간 마음은
왜 이리도 되돌리기 힘들까
시집도 읽고
명심보감도 펼치다가
냉정하게 나를 되돌아보네

조금이라도
지고는 못 사는 성격
내 편협한 사고가 문제로다
온유했던 모습 간 곳 없고
어느새 새가슴 되어
우물 안에 갇힌 것 같다

억지잠 청할 무렵
종일 불편했던 마음 다잡고
십자가상 앞에 앉으니
은은하게 들려오는 말씀
'원수를 사랑하라'
수도 없이 들어온 그 한마디가
뇌리를 때리네

볼품없이 구겨졌던 마음
봄눈 녹듯이 풀어지고 나니
창밖 차갑던 초승달마저
나를 내려다보고 빙긋 웃는다

동행

둘이
함께 가는 길

내 그림자 곁에
또 하나 친구가 있어
외롭지 않다

지금껏
외톨이로 돌고 돌아온
시간이었지만

이젠 아무리 험하고 먼 길이라도
두 손 꼭 잡고
끝까지 함께 가련다

디카시
인형들

지나온 날들 뒤돌아본다
고락에 젖은 내 흔적
그림자 인형들이 어지럽다
누군가 저 높은 곳에서
우리를 내려다볼 것만 같다

금 간 화분

아파트 베란다 모서리
금 가고 빛바랜 화분 하나
오래 잠자고 있었지

언제 쩍— 벌어져
이산가족으로 나뉠지도 모르는
몸, 가느다란 철사로 꽁꽁 동여맨 뒤
마사토 배양토 골고루 먹이고
구석구석 다져서
詩의 씨앗 한 톨 심었던 거야

그날부터
나의 사랑은 시작되었지
한 달 두 달 …
그렇게 계절이 지나도록
사전 뒤져 금쪽같은 시어를 찾고
정성 다해 내 마음 퍼부어도
눈 한번 꿈벅하지 않는 화분

기다림에 지쳐
이젠 그만 포기하자
막걸리 몇 잔 걸치고 돌아누운 밤
내 코끝에 스치는 향기
이거 뭐지?

가만히 다가가보니
화분 속 붉은 흙을 뚫고 올라온
연둣빛 꽃대 하나
그 위에 반짝 피어난 시의 꽃
아직 만발까지는 아니지만
저 풋풋한 세계
언젠가는 천리향 되어
세상 한자리를 빛나게 하겠지

나는 백산(白山)이로소이다

18세 철부지 시절
낙서처럼 끄적거리다가
지어낸 아호 '백산(白山)'
하얀 산이라는 뜻인데

죄짓지 말고
선하고 깨끗하게
세상을 살아보자는
내 각오가 담겨있다

세월이 훌쩍 지나
뒤돌아보니
'백산(白山)'은
삶의 지표가 되었고
좌우명이자
닉네임이 되었다

커뮤니티
온라인에서
문단에서

내 본명보다
더 친숙해진 아호

나는 백산이로소이다

\# 디카시

내리사랑

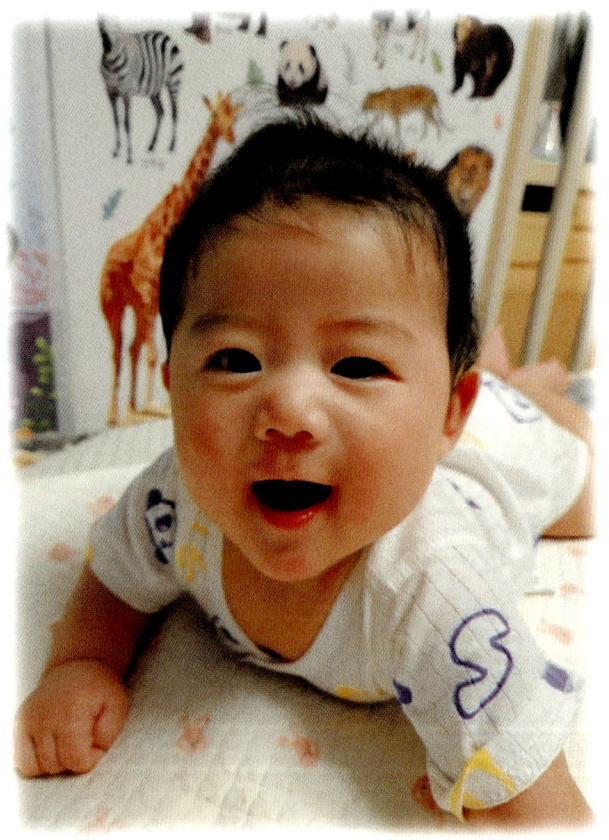

웃음이 뭔지도 모를 터인데
저리도 해맑게 웃고 있다니
우리 집에 천사가 내려오셨나
사랑이 뭔지 가르쳐 주시려고

호접란

어릴 적 내가
그 아름다움에 취해 따라갔던
호랑나비가 환생한 게 틀림없다

이름하여 만천홍
서양 말로는 팔레놉시스
날개 활짝 펼치고
우아하면서 세련된 자태로
날아오르고 있다

삶이 힘겹더라도
무너지지 말라
쉬이 시들지 말라
꿋꿋이 버텨보라고

동글동글한
봄의 봉오리 터뜨려
환하게 웃으며
나를 응원하고 있다

기지개를 켜다

후미진 골목 구석

비둘기 한 마리
세찬 풍파에 시달렸나
버려진 인형처럼
꼴이 말이 아니다

겨울나무 그림자 마냥
지치고 힘겨워
허우적거린 듯 보인다

미동도 없던 비둘기
그늘진 골목에
한 웅큼 햇볕이 스며들자
날개 쭉 뻗어 기지개를 켠다

잠깐 목 운동 뒤
한 걸음씩 움직이기 시작하는데
길 가던 아이가
새우깡 몇 개 던져준다

구구구-
단숨에 달려가 먹잇감을 쪼아대는
골목 비둘기

아이가 방글방글
해님도 빙긋 웃으니
지구의 한 모퉁이 하루가
온전히 기지개를 켜고 있다

디카시
첫눈

차갑고
아팠던 기억
새하얗게 묻었다

지치고 힘든 가슴
포근히 감싸주기 위해

겨울나무

비바람 강추위에도
시린 몸과 마음 감내하며
꼿꼿이 버텼다

사랑하는 이를 위해서라면
뭔들 못해주겠나
모두 벗고 알몸이 되었다

내주고 비우고
거짓 없이 훌훌 털고 나니
마음은 외려 가벼웠다

겨울이 가면
봄은 다시 오리니
빈자리에 꿈 하나씩
다시 채워 갈 수 있기에

사람 꽃

오월 볕 좋은 날
중랑천 변에 축제가 열렸다

사백여 종
천만 송이 장미꽃들이
서로 잘났다며
온갖 자태로 뽐내고 있다

옛 임금들이나 누릴 법한
꽃 궁전을 걸으며
마음이 한껏 들뜨기도 했는데

또 한편으로는
너무 인위적으로 꾸며놓아
꽃조차 거짓 웃음으로
우리를 맞고 있는 것은 아닌지
엉뚱한 생각까지 들었다

귀갓길
축제의 장 빠져나와
작은 시냇물 따라 걷다가
아무도 눈길 보내지 않는 풀숲
숨은 듯 피어있는
샛노란 야생화를 보았다

그래 바로 저들이
우리네 삶이고 나의 꽃이지
장미처럼 화려하거나
천리향처럼 향기롭지는 않지만
세상살이 두루뭉술
인정과 사랑이 넘치는
사람 꽃으로 피어나고 싶다

어느 낙타의 죽음

점박이 낙타
세상을 떠났다는 부음이다

사나운 뿔
날카로운 이빨도 없이
신의 형벌 같은 혹을 등에 지고
사막을 걸었던 점박이
산고의 고통으로 새끼를 밀어내다가도
마두금 소리에 눈물 흘리며
젖을 물리던 낙타

힘들어 허덕거리는 이들에게
무릎 꿇어 잔등을 내밀어 주던
겸손의 방울 소리 귀에 쟁쟁하다

낙타에게 배우고 싶다
험한 세파에도 흔들리지 않고
한 가지 목표를 향해 가고 싶다
내가 다시 찾아볼 시간도 없이
뭣이 그리 급해서 요단강 건너갔는가

사막이 아니라
꽃길만 걷길 바라며
국화 한 다발 놓아 주어야겠다

민달팽이의 이사

"마음이 풍요로운 자는 복이 있나니"
수도 없이 되뇌어 보지만
하나님의 말씀 밖
세상살이는 녹록지 않다

금수저인 어떤 친구는
애당초 몸에 집을 지니고
태어난다는 소문도 들리던데

내 집 한 칸 없이
여기저기 떠도는 우리 가족들
비바람 눈보라 막아주고
마음 하나 평안케 살자는 게
내 가난한 꿈이었다

살아오면서 큰 죄 짓지 않고
남에게 해 입힌 적 없으니
하나님께서 어딘가에
예비해 두신 집이 있겠지

날도 참말 좋은 날
눈 꾹 감고 이삿짐을 꾸린다
새로운 안식처 찾아서
이사를 가는 거다

하늘이시여
부디 자비를 베푸소서

디카시
북두칠성

디카시
비상(飛上)

있는 듯 없는 듯
숨죽이며 살아왔네

이제는
날개 활짝 펴고
내 꿈 펼쳐 날아오르리

제4부
느린마을

언제부턴가
'빨리빨리'에 길들었지
디지털 속도전, 그런 거 말고
뚜벅이처럼 느긋하게
아날로그로 살아보자요

생각의 나무

한마디 말이
씨가 된다고 한다

습관적으로
입에 달고 살았던
부정적인 말을 씨앗으로
불신과 배반의 나무가
자라게 된다는 것

속담에도 있지
"말 한마디로 천 냥 빚을 갚는다"
그렇네, 한마디 말이라고
생각 없이 함부로 내뱉지 말아야지

늘 긍정적인 자세로
세상을 바라보자
당신이 키운 생각의 나무는
새로운 패러다임으로 가지를 뻗고
행복이라는 열매가 튼실하겠다

겨울 소나타

하룻밤 사이
온 동네가 새하얗게 변신해서
동화의 나라가 되었다

봄, 여름, 가을, 겨울
비발디의 사계(四季) 맨 마지막 장
건반을 두드리니

서리꽃과 물방울들이
연주에 맞추어 어우러지고
신나게 춤도 춘다

나무도령과 참새아가씨들
앙상한 나뭇가지 위에서
앙상블로 합창 부르니

어울림은 하모니가 되고
더욱 풍성한 희망의 날들이
저만큼 달려오리라

꽃샘바람

우수 경칩 지나니
동안거 속에 침묵하던
숲이 깨어난다

겨우내 온갖 풍파로
꽁꽁 얼어버렸던 내 마음도
버들잎처럼 피어나고 싶다

그래! 봄이다 싶어
베란다 창밖에 내놓았던 화분
하룻밤 사이 얼어붙었다

꽃샘추위란다

간절히 기다리는 것들은
더디 온다는 말
꽃샘바람이 한 수 가르쳐 주는가

디카시
의로운 훈장

삼십삼 성상(星霜)
온몸으로 쌓아놓은 공(功)
그 노고 알아주는 이 하나 없다
가끔 나 혼자 쓰다듬고는
가슴에 꼬옥 품어 볼 뿐…

정한 곳이 있다는 말

정처(定處)
세간에 흔히 쓰는 말이니
사전을 찾아볼 일도 없었지

이번에 시를 쓰면서
정처에 대한 아이디어를 얻으려
검색창에 입력해서 살폈다

'정처'란
'정한 곳'이라는 뜻이니
긍정적 요소가 다분히 많은 말이지만
그를 일상에서 사용한 예를 보면
100% '정처 없다' 뿐이다
부정적 요소가 아닌
'정처 있다'는 눈씻고 찾아봐도 없다

그랬지
우리네 정해진 처소
내 몸과 마음이 머물고 쉴 곳
정처, 조그만 아파트 하나 얻기 위해
얼마나 진을 빼고 고달팠던가

천지간
정한 곳이 있다는 말
정처, 네가 참 고마울 뿐이다

홀로서기

엄마 품 떠난 고라니야
이제 너는 어린애가 아니란다
홀로 선다는 것은
또 하나 너의 우주가 생기는 거야

혼자가 외로울 때는
밤하늘 수놓은 별을 봐
겨우 사금파리 같은 빛으로
희미하게 반짝이는 저 작은 별들도
엄마 아빠를 떠나서
홀로 선 것이란다

좋은 짝 만나
일가를 이루는 날까지
혼자 살아가는 법과
노는 법을 익히며 씩씩하게
살아가는 거야

고향집 떠나오던 날
허리춤 속 꼭꼭 접힌 지폐 몇 장
내 작은 손에 쥐어 주던
그 시절 어머니가 떠오른다
홀로서기 시작한 그날 이후
나의 고라니는 쑥쑥 키가 자라고
무소의 뿔처럼
세상 위에 우뚝 서 걸어왔다

딴지 주의보

휴가 첫날
가족과 함께 하는 여행길
날씨가 딴지라도 걸려는 듯
끄물거린다

차창 밖
먹구름 속에 어머니 얼굴 떠오른다
노년에 접어들면서 입에 붙어 다니던 말씀
요즘은 별것이 다 딴지를 걸어온다야
어제는 무릎이 시큰거리더니
오늘은 허리가 말썽이랑게

그래 그때도
딴지가 문제였다
아무리 피하려 해도 걸면
걸리고 넘어지셨다

마음 비우고
네비게이션 따라가다 보니
흐렸던 날씨가 언제 그랬느냐는 듯
맑은 하늘이 되어 웃고 있다

누가 시비를 걸어올 때는
넘어가는 척도 해가며
허허실실이 되어야겠다

디카시
공든 탑

이리저리 뒹굴어
모난 곳 하나 없는 돌멩이들
탑이 되어 쌓였다

돌도 순해지면
누군가의 꿈이고 소원이 될 수 있다니!

\# 디카시
새는

무주공산(無主空山)
백설의 영토

일직선으로
반듯하게 길을 냈다

목적이 있고
갈 곳이 있다는 거다

봄비로 오는 친구들

창밖엔 봄비 내리고요
나는 쇼팽의 녹턴에 젖은 채
시를 쓰고 있습니다
봄비의 고요하고 느릿한 속도와
감성을 자극하는 선율 속에
서정의 물 잔뜩 먹은 나의 시
왠지 합(合)이 잘 맞는 고향 친구들 같습니다

'아'하면 '어'를 알고
쌀방귀를 뀌면 보리방귀로 화답하던 녀석들
오늘은 촉촉한 봄비로 내리며
내 창을 두드립니다

세월의 수레바퀴 쉴 새 없이 돌아
반백이 되고 보니
어린 시절 마을 어귀 강가에서
물장구치며 놀던 고놈들이
유난히도 그립습니다

잔잔하게 휘감던 음악이 그치자
추억의 국화빵 같은 모습의 녀석들이
왈칵 문 열고 들이닥쳤습니다
봄비는 화단의 꽃뿐 아니라
우리의 웃음꽃까지 활짝 피웠습니다

춤추는 고추잠자리

코 질질 거리며
포개고 싸맨 보자기 등에 동여맨
까까머리 사내아이
비포장도로를 뛰고 있었네

허드레 보자기 속엔
손때 묻은 교과서와 공책
그리고 몽당연필 한 자루 끝에
눈물방울이 맺혀있었지

세월은 까마득하게 흘러
흰머리 듬성듬성 난
늙수레한 중년의 한 사내

추억의 눈물 보자기 지나
세상에 찌든 때인 듯
새까만 배낭 하나 짊어지고 서 있다

속을 들여다보니
주워 담았던 것 털어내고
마침내 가벼워진 가방은
주름진 세월이 던져 준 훈장 같다

홀가분해져
환하게 웃는 배낭 위에
고추잠자리 한 마리
어깨춤추며 따라가고 있다

학교 보안관

안녕하세요
어서 와요
등굣길 아이들과 주고받는 인사
서로 정겹다

무엇이 그리 좋은지
싱글벙글 왁자지껄
초롱초롱 반짝이는 눈망울들

아이들이 횡단보도 건너
정문에 들어올 때까지
살가운 마음으로 살피고 또 살핀다

혹여라도 발생할지 모를
학교폭력 예방을 위해
어느 한 곳 사각지대 없이
매의 눈 부릅뜨고 지켜본다

보안관 부스
수 십 개의 CCTV 반짝거림도
놓치지 않는다

학교 취약지역 구석구석
잰걸음으로 종종거리다 보면
이마엔 땀방울 송골송골 맺히고
삽상하게 불어오는 바람 사이로
보안관의 하루도 저물어 간다

달구는 날고 싶다

시시각각
물가(物價)란놈 고공비행 중
눈뜨기 불안한 나날의 연속이다

그러나 웬걸
유명 백화점 고가 수입 상품 코너는
고급 가방, 시계, 장신구들
소비자물가지수를 비웃기라도 하듯
날개 돋치게 팔려 나간다니
부익부 빈익빈
갈수록 기울어지는 저울 위에
우리는 매달려 있다

닭장 속의 하루
매일 아침 기상나팔
거르지 않고 불어주지만
제대로 한 번 날아보지도 못했다
애지중지 감춰 두었던 비장의 날개
젖 먹던 힘 다 모아 도전하지만
이내 푸드득 거리다 땅바닥에 고꾸라진다

다시 또 다시
달구는 간절한 마음 담아
쪽빛 하늘 높은 창공 향하여
독수리처럼 멋지게 날기 위해
비상의 날개 활짝 편다

※ 달구 : 닭의 경상도 방언

공든 탑도 무너진다

수십 년
한 장 한 장
공들여 쌓아 올린 우정의 탑

빗나간 말 몇 마디에
틈이 생기더니
한순간 와르르 무너졌네

불통의 시간
깨진 벽돌은 어느새
우리 사이에 벽이 되었지

조각조각
공든 탑 무너진 틈으로 바람이 나들고
개미들이 모여들었네

널브러졌던 벽돌은
다시 소통의 창구가 되고
우리는 어느새 서로 다시 손을 잡았지

공든 탑도 무너진다
그러나 마음만 고쳐먹으면
언제든 다시 쌓을 수 있다는 거

우정의 탑이 보여주고 있다

정글 속에서

저녁 5시 30분

동물의 왕국 문이 열린다

저마다
갖가지 방법으로
죽고 죽이며 살아가는
맨몸의 살덩이들

우리네도
옷만 벗겨 놓으면
저들의 삶과 뭐가 다르랴

그래 바로 이거야
옷이 사람을 만들고
동물의 왕국에서
우리를 탈출시킨 것이로군

나도 오늘 하루
정글보다 더 정글 같은
인생이라는 아귀다툼 한복판에서
사자 밥이 되지 않기 위해
치열하게 싸우고 집에 돌아왔다

내 목에 걸린 넥타이
매듭을 풀다가
가만히 잡아당겨 보았다
핏대가 일어선다

삶과 죽음이
그리 멀리 있지 않다는 것
몸이 먼저 말해주고 있다

곰골식당에서

길 가며 어쩌다가
'곰골식당' 이라는 간판을 만나면
그렇게 반가울 수가 없다
그 이름을 보면
내 마음은 단숨에 고향으로 달려간다

곰골 웅동마을
저녁이면 집집 굴뚝마다
허옇게 뿜어대는 연기로
온 마을이 동화처럼 덮이고
집안에 들어서면
구수한 된장찌개 냄새가
코끝에 맴돌았지

한 이불 속
옹기종기 정겹던 피붙이들
어느새 반백이 되었으니
어쩌다 만나면 서먹하기도 하지만
그것도 잠시
어느새 솟아나는 옛정에
네 것 내 것 없이 엉겨 붙게 된다

유난히 밝은 달과
별님이 은하를 수놓는 밤이면
저 멀리 어디선가
어머님이 오라고 손짓하는 것 같다

수돗물도 마다하고
생수까지 사 먹으며 호의호식하지만
곰골식당 진국 사골국물처럼
내 마음이 기우는 곳은 웅동마을
온갖 추억이 아카시아 향으로 되살아나는
내 고향, 곰골에서 살고 싶다

해빙기(解氷期)

설렘으로 시작한 만남
풋풋했지만 왠지 싱거웠다

어디부터 꼬이고 뒤틀렸는지
모든 게 너테*처럼 꽁꽁 얼어붙었다

터지고 깨지고
곪아버린 마음의 상처들
칭칭 동여매고 견뎠다

그때부터
내가 기댄 곳은 시간의 벽
세월이 약이라는 말을
한 점씩 찍어 먹으며
얼었던 마음을 서서히 녹였다

똑똑
한 방울씩 떨어져 나가는 상처들
딱정이 지고 새살이 돋기 시작했다

마음 비워낸 자리에
슬며시 스며드는 여유로움
해빙기의 아침이 시작되고 있었다

* 너테 : 물이나 눈이 얼어붙은 위에 다시 물이 흘러서 여러 겹으로 얼어붙은 얼음

디카시
설화(雪化)

한겨울
혹한 속에도
꽃이 핀다는 아이러니!

알몸의 나무에
겨울 왕국을 세웠다

디카시
나무살이

이리저리
얽고 설킨 삶
속 시원한 적 없지만

어울렁더울렁
한세상 살아보잔다

전승훈 제2시집

고요는
아침을 낳는다

초판 발행일 2025년 8월 10일

지은이 전승훈

펴낸이 양상구
웹디자인 김초롱
펴낸곳 도서출판 채운재
주소 우) 01314 서울시 도봉구 시루봉로 15라길 38-39 301호
전화 02-704-3301
팩스 02-2268-3910
H·P 010-5466-3911
E-mai ysg8527@naver.com

정가 15,000원
ISBN 979-11-92109-92-3(03810)

@ 전승훈 2025
* 이 책은 저작권법에 따라 보호받는 저작물이므로 무단전재와 무단복제를 금지하며 이 책의 내용 전부 또는 일부를 이용하려면 반드시 저작권자와 도서출판 채운재의 동의를 받아야 합니다
* 파손 및 잘못된 책은 구입처에서 교환해 드립니다